国家职业标准编制技术规程

(2023年版)

中国劳动社会保障出版社

图书在版编目(CIP)数据

国家职业标准编制技术规程：2023年版. -- 北京：中国劳动社会保障出版社，2023
ISBN 978-7-5167-6125-0

Ⅰ.①国… Ⅱ. Ⅲ.①职业-技术等级标准-编制-技术规范-中国 Ⅳ.①F249.23-65

中国国家版本馆 CIP 数据核字(2023)第 177559 号

中国劳动社会保障出版社出版发行

(北京市惠新东街 1 号　邮政编码：100029)

*

河北虎彩印刷有限公司印刷装订　　新华书店经销
850 毫米×1168 毫米　32 开本　2.5 印张　53 千字
2023 年 10 月第 1 版　2025 年 9 月第 2 次印刷
定价：20.00 元

营销中心电话：400-606-6496
出版社网址：http://www.class.com.cn

版权专有　　侵权必究

如有印装差错，请与本社联系调换：(010) 81211666
我社将与版权执法机关配合，大力打击盗印、销售和使用盗版图书活动，敬请广大读者协助举报，经查实将给予举报者奖励。
举报电话：(010) 64954652

人力资源社会保障部办公厅
关于印发《国家职业标准编制技术规程（2023年版）》的通知

人社厅发〔2023〕31号

各省、自治区、直辖市及新疆生产建设兵团人力资源社会保障厅（局），中共海南省委人才发展局，中央和国家机关有关部门组织人事部门，中央军委政治工作部兵员局、文职人员局，有关行业组织、企业人事劳动保障工作机构：

根据《中华人民共和国劳动法》有关规定和《中共中央办公厅 国务院办公厅关于加强新时代高技能人才队伍建设的意见》有关要求，为健全完善由国家职业标准、行业企业评价规范、专项职业能力考核规范等构成的多层次、相互衔接的职业标准体系，我们对《国家职业技能标准编制技术规程（2018年版）》进行了全面修订。同时，结合工作实际，新增了专业技术类职业标准编制有关内容。现将修订后的《国家职业标准编制技术规程（2023年版）》（以下简称《规程》）印发给你们，请遵照执行。

本《规程》自印发之日起施行。2012年颁布、2018年修订颁布的《国家职业技能标准编制技术规程》同时废止。现行国家职业标准中有关内容与本《规程》不一致的，以本《规程》为准。

人力资源社会保障部办公厅

2023 年 8 月 31 日

国家职业标准编制技术规程
（2023年版）

目　　录

第一部分　技能类

1　范围 …………………………………………………… 1
2　术语和定义 …………………………………………… 1
　2.1　职业 ……………………………………………… 1
　2.2　职业分类 ………………………………………… 1
　2.3　国家职业标准（技能类）………………………… 1
3　总则 …………………………………………………… 1
　3.1　指导思想 ………………………………………… 1
　3.2　工作目标 ………………………………………… 2
　3.3　编制原则 ………………………………………… 2
4　职业标准结构要素 …………………………………… 3
　4.1　封面 ……………………………………………… 3
　4.2　说明 ……………………………………………… 3
　4.3　内容 ……………………………………………… 3
　4.4　附录 ……………………………………………… 3
5　职业标准内容 ………………………………………… 4

5.1 职业概况 ………………………………………………… 4
　　5.2 基本要求 ………………………………………………… 8
　　5.3 工作要求 ………………………………………………… 8
　　5.4 权重表…………………………………………………… 11
6 编制程序 ……………………………………………………… 12
　　6.1 组织开发………………………………………………… 12
　　6.2 公开征集………………………………………………… 15
7 职业标准编排格式 …………………………………………… 16
　　7.1 职业标准报批稿格式 …………………………………… 16
　　7.2 职业标准出版格式 ……………………………………… 16
附录1：职业标准结构图 ……………………………………… 18
附录2：职业技能等级划分依据 ……………………………… 19
附录3：职业环境条件描述要素 ……………………………… 21
附录4：职业能力特征描述要素 ……………………………… 22
附录5：申请参加职业技能评价的条件 ……………………… 23
附录6：职业标准编制启动会或评审会程序 ………………… 26
附录7：职业标准报批稿格式 ………………………………… 27
附录8：职业标准报批稿的字体和字号要求 ………………… 34
附录9：职业标准出版格式 …………………………………… 35
附录10：职业标准出版物的字体和字号要求 ………………… 41

第二部分　专业技术类

1 范围 …………………………………………………………… 42
2 术语和定义 …………………………………………………… 42
　　2.1 职业 ……………………………………………………… 42
　　2.2 职业分类 ………………………………………………… 42

2.3 国家职业标准（专业技术类） ·················· 42
3 总则 ··· 42
　　3.1 指导思想 ··· 42
　　3.2 工作目标 ··· 43
　　3.3 编制原则 ··· 43
4 职业标准结构要素 ··································· 44
　　4.1 封面 ··· 44
　　4.2 说明 ··· 44
　　4.3 内容 ··· 44
　　4.4 附录 ··· 45
5 职业标准内容 ··· 45
　　5.1 职业概况 ··· 45
　　5.2 基本要求 ··· 48
　　5.3 工作要求 ··· 49
　　5.4 权重表 ·· 51
6 编制程序 ·· 52
　　6.1 职业标准立项 ·································· 52
　　6.2 职业标准开发 ·································· 53
　　6.3 职业标准审定 ·································· 54
　　6.4 颁布 ··· 54
7 职业标准编排格式 ··································· 55
　　7.1 职业标准报批稿格式 ························· 55
　　7.2 职业标准出版格式 ···························· 55
附录1：职业标准结构图 ······························ 57
附录2：专业技术等级划分依据 ···················· 58
附录3：职业环境条件描述要素 ···················· 59

附录 4：职业能力特征描述要素 ·············· 60
附录 5：申请参加专业技术等级考核的条件 ·············· 61
附录 6：职业标准评审会程序 ·············· 63
附录 7：职业标准报批稿格式 ·············· 64

国家职业标准编制技术规程

（技能类）

1 范围

本规程规定了国家职业标准（以下简称职业标准）的编制指导思想、工作目标、编制原则、结构要素、标准内容、编制程序以及编写表述规则和格式要求，并列出了有关表述样式。

本规程适用于现行《中华人民共和国职业分类大典》（以下简称《大典》）中所列技能类有关职业的职业标准编制。

2 术语和定义

2.1 职业

从业人员为获取主要生活来源所从事的社会工作类别。

2.2 职业分类

以工作性质的同一性或相似性为基本原则，对社会职业进行的系统划分与归类。

2.3 国家职业标准（技能类）

在职业分类的基础上，根据职业活动内容，对从事本职业应具备的知识和技能要求提出的综合性水平规定。它是开展职业教育培训和技能人才评价的基本依据。

3 总则

3.1 指导思想

以习近平新时代中国特色社会主义思想为指导，依据《中华人民共和国劳动法》和《中华人民共和国职业教育法》，立足新发展阶段、贯彻新发展理念、构建新发展格局、推动高质量发展，落实《关于分类推进人才评价机制改革的指导意见》《关于提高技术工人待遇的意见》《关于推行终身职业技能培训制度的意见》《关于加强新时代高技能人才队伍建设的意见》等有关要求，适应经济社会发展和科技进步需要，强化工匠精神和敬业精神，建立以职业活动为导向、以职业能力为核心的职业标准体系。

3.2 工作目标

职业标准应满足人力资源管理、职业教育培训和技能人才评价等工作需要，促进人力资源配置优化和从业人员素质提高，为全面建设社会主义现代化国家提供有力的技能人才支撑。

3.3 编制原则

3.3.1 整体性原则

职业标准应反映当前该职业活动的整体状况和水平，不仅要突出该职业的主流技术、主要技能要求，而且应兼顾不同地域或行业间可能存在的差异，同时还应考虑其未来发展趋势。

职业标准一般应定位略高于全国平均水平，且是多数人员经过教育培训或岗位实践能够达到的水平。

3.3.2 等级性原则

职业标准应综合考量从业人员职业活动范围的宽窄、工作责任的大小、工作难度的高低、技术技能复杂程度等因素划分职业技能等级。

3.3.3 规范性原则

职业标准的内容结构、表述方法应符合本规程的要求；职业标准中的术语应保持一致，同一概念应使用同一个术语；文字描述应简洁明确且无歧义，能被专业人员理解；所用专业术语与文字符号应符合现行国家技术标准。

3.3.4 实用性原则

职业标准不仅应客观、准确地反映工作现场对从业人员的知识和技能要求，而且应符合人力资源管理、职业教育培训和技能人才评价的需要。

3.3.5 可操作性原则

职业标准内容应力求具体化、可度量、可检验，便于实施。

4 职业标准结构要素

4.1 封面

封面应列出职业标准的信息，包括职业名称、职业编码、版本、发布部门等。

4.2 说明

说明应视情况依次列出以下内容：

——职业标准的编制依据；

——职业标准的主要内容或修订情况；

——职业标准的起草单位/主要起草人；

——职业标准的审定单位/审定人员；

——鸣谢单位/人员。

4.3 内容

职业标准内容主要包括职业概况、基本要求、工作要求和权重表四部分（职业标准结构图见附录1）。

4.4 附录

职业标准附录为可选要素，可列出标准历史沿革，或者有助于职业标准理解和使用的附加信息，如专业术语、参考文献、索引等。

5 职业标准内容

5.1 职业概况

5.1.1 职业名称

应采用《大典》确定的职业名称。若职业下包含工种,应列出工种名称。

5.1.2 职业编码

应采用《大典》确定的职业编码。

5.1.3 职业定义

应采用《大典》确定的职业定义。

5.1.4 职业技能等级

职业标准应根据职业的实际情况,参照《职业技能等级划分依据》(见附录2)确定技能等级级次,等级设置应为连续等级。

职业技能等级实行"八级工"制,由低到高分为:学徒工[①]、五级/初级工、四级/中级工、三级/高级工、二级/技师、一级/高级技师、特级技师、首席技师。[②] 技能类职业标准仅对五级/初级工、四级/中级工、三级/高级工、二级/技师、一级/高级技师的知识和技能要求进行描述;学徒工、特级技师、首席技师不作具体描述。

5.1.5 职业环境条件

从业人员所处的客观工作环境。

[①] 中国特色企业新型学徒制的学员除外。
[②] 行业企业根据自身特点,考虑历史沿用、约定俗成等因素,对上述技能等级名称可使用不同称谓,并明确其与相应技能等级的对应关系。

职业标准应根据职业的实际情况,参照《职业环境条件描述要素》(见附录3)进行客观描述。

5.1.6 职业能力特征

从业人员从事某个职业须具备的基本能力和潜力。

职业标准应根据职业的实际情况,参照《职业能力特征描述要素》(见附录4),列出影响从业人员职业生涯发展的必备核心要素。

5.1.7 普通受教育程度

从业人员初入本职业时一般具备的学历(力)。

职业标准应根据职业的实际情况,从下列表述中选择其一进行描述:

——无学历要求;

——初中毕业;

——高中毕业(或同等学力);

——大学专科毕业(或同等学力);

——大学本科毕业(或同等学力)。

5.1.8 职业培训要求

5.1.8.1 培训参考时长

职业标准应根据职业的特点和内容,分别列出各等级培训期限的参考性学时要求(包含理论知识学习时间和操作技能学习时间),以标准学时表示。

理论知识学习时间,由"基本要求"相关内容和各等级"工作要求"中的"相关知识要求"两部分所需的学习时间折算而成;操作技能学习时间,由各等级"工作要求"中的"技能要求"所需学习时间折算而成。学习时间按每天8标准学时计算。

示例：

培训参考时长：五级/初级工不少于××标准学时；四级/中级工不少于××标准学时；三级/高级工不少于××标准学时；二级/技师不少于××标准学时；一级/高级技师不少于××标准学时。

5.1.8.2 培训教师

根据职业的实际情况和培训对象的技能等级，对职业培训中承担理论知识或操作技能教学任务的教师应具备的条件提出要求。

5.1.8.3 培训场所设备

实施职业培训所必备的场所和设施设备要求。应对理论知识和操作技能培训场所设备分别进行描述。

5.1.9 职业技能评价[①]要求

5.1.9.1 申报条件

申请参加本职业相应等级技能评价的人员应具备的条件。

职业标准应根据职业的实际情况，参照《申请参加职业技能评价的条件》（见附录5）进行描述。原则上，各职业的申报年限不低于《申请参加职业技能评价的条件》的要求。必要时，可根据不同的职业类型结合实际情况作适当调整。

5.1.9.2 评价方式

职业标准应根据职业的特点，对理论知识考试、操作技能考核以及综合评审的方式，分别进行详细说明。

理论知识考试以笔试、机考等方式为主，主要考核从业人员从事本职业应掌握的基本要求和相关知识要求。

操作技能考核主要采用实际操作等方式进行，主要考核从业

---

① 含职业技能鉴定和职业技能等级认定。相关法律法规另有规定的，从其规定。

人员从事本职业应具备的技能水平。现实工作场景已实现数字化操作的职业，操作技能考核可采用模拟或仿真操作等方式进行。准入类职业资格操作技能考核不得采用模拟或仿真操作方式考核。

综合评审主要针对二级/技师和一级/高级技师，通常采取审阅申报材料、答辩等方式进行全面评议和审查。

理论知识考试、操作技能考核和综合评审均实行百分制，成绩皆达60分（含）以上为合格。职业标准中标注"★"的为涉及安全生产或操作的关键技能，如考生在操作技能考核中违反操作规程或未达到该技能要求的，则操作技能考核成绩为不合格。

5.1.9.3 监考人员、考评人员与考生配比

职业标准应根据职业的特点，分别列出理论知识考试中的监考人员与考生数量的比例、操作技能考核中的考评人员与考生数量的比例，以及综合评审委员的最低人数。

理论知识考试中的监考人员与考生配比不低于1：15（其中，采用机考方式的一般不低于1：30），且每个考场不少于2名监考人员；操作技能考核中的考评人员与考生配比应根据职业特点、考核方式等因素确定，一般不低于1：10，且考评人员为3人以上单数，每位考生由不少于3名考评员评分；综合评审委员为3人以上单数。

5.1.9.4 评价时长

职业标准应根据职业的特点和内容，分别列出各等级的理论知识考试、操作技能考核以及综合评审的最低时长要求，以分钟表示。

5.1.9.5 评价场所设备

职业标准应对理论知识考试和操作技能考核必备的场所和设

施设备要求分别进行描述。

5.2 基本要求

5.2.1 职业道德

从业人员在职业活动中应遵循的基本观念、意识、品质和行为的要求，即一般社会道德、职业素养以及工匠精神和敬业精神在职业活动中的具体体现。主要包括职业道德基本知识、职业守则两部分。

职业标准应列出最能反映本职业特点的职业守则。

5.2.2 基础知识

从业人员在职业活动中应掌握的通用基本理论、安全、职业健康、环境保护、数字素养和有关法律法规知识等。

职业标准应本着实用性原则，列出与本职业密切相关并贯穿整个职业活动的，且为最低等级应掌握的核心基础知识。

5.3 工作要求

5.3.1 通则

工作要求是在分析、细化职业活动的基础上，对从业人员完成本职业具体工作所应具备的技能要求和相关知识要求的描述。它是职业标准的核心部分。工作要求应分等级进行编写，各等级的技能要求和相关知识要求应依次递进，高级别涵盖低级别的要求。职业下设工种（方向）或职业所包括的工作内容之间相似程度不高的，可采用模块化编写模式。

工作要求内容的编写，原则上不得超出《大典》描述的职业定义和主要工作任务。[①]

工作要求包括职业功能、工作内容、技能要求、相关知识要

---

① 相关法律法规及政策文件另有规定的，从其规定。

求4项内容（见下表）。

×级/×××

职业功能	工作内容	技能要求	相关知识要求
1. × × × ×	1.1××××	1.1.1 能×××××× 1.1.2★能×××××× ……	1.1.1×××××× 1.1.2×××××× ……
	1.2××××	1.2.1 能×××××× 1.2.2 能×××××× ……	1.2.1×××××× 1.2.2×××××× ……
2. × × × ×	2.1××××	2.1.1 能×××××× 2.1.2 能×××××× ……	2.1.1×××××× 2.1.2×××××× ……
	2.2××××	2.2.1 能×××××× 2.2.2 能×××××× ……	2.2.1×××××× 2.2.2×××××× ……
……	……	……	……
……	……	……	……

5.3.2 职业功能

从业人员所要实现的工作目标，或本职业活动的主要方面（活动项目）。

职业标准应根据职业的特点，按照工作领域、工作项目、工作程序、工作对象或工作成果等划分职业功能。具体要求为：

——每项职业功能都应是：可就业的最小技能单元；从业人员的主要工作职责之一；可独立进行培训和评价。

——职业功能的划分标准要统一，通常情况下，每个等级的职业功能应不少于3项。

——职业功能的规范表述形式是："动词+名词"，如"维修发动机"；或"名词+动词"，如"市场调查""发动机维修"；

或"动词",如"制作""修理"。

——通常情况下,职业功能在各技能等级中是一致的,在二级/技师和一级/高级技师中,可增加"技术管理和培训"等内容。

5.3.3 工作内容

完成职业功能所应做的工作,是职业功能的细分。

职业标准应按照工作种类、工作流程或工作对象等划分工作内容。具体要求为:

——每项工作内容应是一个有始有终的完整过程,或是可观察到的具体工作单元,或是完成一项服务,或是产生一种结果。

——通常情况下,每项职业功能应包含2项或2项以上的工作内容。

——工作内容的规范表述形式与职业功能相同。

5.3.4 技能要求

完成每项工作内容应达到的结果或应具备的能力,是工作内容的细分。

职业标准应列出从业人员可独立完成的技能要求,其描述应具有可操作性。具体要求为:

——技能要求的内容应具有可操作性,对每项技能应有具体的描述,能量化的一定要量化;对于不同等级中同一项工作或技能,应分别写出不同的具体要求,不可用"了解""掌握""熟悉"等词语或仅用程度副词来区分等级。

——技能要求的规范表述形式为"能……+动词……",或"能+动词……"等,如"能根据服装原型的要求测量人体的净体数据""能车削普通螺纹、英制螺纹""能在1分钟之内录入60个英文字符,准确率达到90%"。

——技能要求中涉及工具设备的使用时,不能单纯要求

"能使用……工具或设备",而应写明"能使用……工具或设备+动词……",如"能使用剪刀剪裁服装""能使用百分尺、游标量具、千分尺等常用量具检验零部件""能使用计算机辅助设计软件完成三维建模"。

5.3.5 相关知识要求

达到每项技能要求必备的知识。

职业标准应列出完成职业活动所需掌握的技术理论、技术要求、操作规程和安全规范等知识点。相关知识要求应与技能要求相对应,是具体的知识点,而不是宽泛的知识领域。

5.4 权重表

5.4.1 理论知识权重表

职业标准应列出基本要求和各等级职业功能对应的相关知识要求在职业培训、职业技能评价中所占的权重(见下表)。

项目	技能等级	五级/初级工(%)	四级/中级工(%)	三级/高级工(%)	二级/技师(%)	一级/高级技师(%)
基本要求	职业道德	×	×	×	×	×
	基础知识	×	×	×	×	×
相关知识要求	职业功能1	×	×	×	×	×
	职业功能2	×	×	×	×	×
	职业功能3	×	×	×	×	×
	……	……	……	……	……	……
合计		100	100	100	100	100

5.4.2 技能要求权重表

职业标准应列出各等级职业功能对应的技能要求在职业培训、职业技能评价中所占的权重(见下表)。

项目	技能等级	五级/初级工(%)	四级/中级工(%)	三级/高级工(%)	二级/技师(%)	一级/高级技师(%)
技能要求	职业功能1	×	×	×	×	×
	职业功能2	×	×	×	×	×
	职业功能3	×	×	×	×	×
	……	……	……	……	……	……
	合计	100	100	100	100	100

6 编制程序

职业标准的开发分为组织开发和公开征集两种方式。

6.1 组织开发

6.1.1 受理申请

中国就业培训技术指导中心（以下简称指导中心）根据经济社会发展需要，结合行业主管部门、行业协会等单位的职业标准开发需求，商人力资源社会保障部职业能力建设司（以下简称职业能力司），提出拟开发职业标准的职业（工种）范围，面向社会公开征集职业标准开发单位。有意向的单位，在规定时间内按要求向指导中心提交申请和工作方案。

6.1.2 评估遴选

指导中心负责对有意向参与职业标准开发工作的单位进行评估，综合考虑权威性、专业性等因素，遴选确定牵头单位，其他符合条件的列为参与单位。指导中心将评估遴选结果报职业能力司，职业能力司征求相关部门意见。

6.1.3 发布计划

职业能力司将评估遴选结果报经人力资源社会保障部领导同

意后，由指导中心印发职业标准开发计划，明确拟开发的职业（工种）、牵头单位、参与单位、开发时限等。

6.1.4 开发编写

6.1.4.1 成立工作组

开发单位负责组建工作组，工作组由编写专家和本单位1名工作人员（即联络人）组成。

编写专家组由不少于5名专家组成，包括方法专家、内容专家和实际工作专家。方法专家由熟悉本规程和职业标准编制方法的人员担任；内容专家由长期从事该职业理论研究和教学工作的人员担任；实际工作专家由长期从事该职业活动的管理或操作人员担任。实际工作专家应占编写专家组总人数的一半以上；编写专家组应确定组长和主笔人。

联络人负责职业标准开发全过程的组织协调、进度控制、质量把关、信息传送等具体工作。

6.1.4.2 开展职业调查和职业分析

开发单位应组织力量开展职业调查，了解该职业的活动目标、工作领域、发展状况、从业人员数量、受教育程度以及从业人员必备的知识和技能等。在职业调查的基础上，由编写专家组进行职业分析，为职业标准编制做好前期准备。

6.1.4.3 召开职业标准编制启动会

开发单位组织召开职业标准编制启动会（程序见附录6），确定人员分工、时间进度，编写专家组汇报职业调查和分析、标准开发进度安排、任务分工及存在的问题等情况，与会专家讨论职业标准"职业功能"和"工作内容"等基本框架结构，并进行至少2个等级的1项"职业功能"的拟写。

6.1.4.4 编写初稿

编写专家组按照职业标准编制启动会确定的进度、框架结构等，结合职业调查和职业分析结果，编写职业标准初稿。

6.1.4.5 组织初审

开发单位组织召开职业标准初审会（程序见附录6），组织由7名以上单数人员组成的评审专家组（不含编写专家）对职业标准初稿进行初审，并形成专家初审意见。

6.1.5 审定颁布

6.1.5.1 征求意见

开发单位根据专家初审意见修改完善，形成职业标准征求意见稿，经指导中心符合性审查，由职业能力司报经人力资源社会保障部领导同意后，征求相关部门意见，同时通过技能人才评价工作网向社会公示征求意见（人力资源社会保障部门户网站同步链接），公示期限为10个工作日。

6.1.5.2 终审

根据公示征求意见情况，开发单位进一步修改完善，形成职业标准终审稿和征求意见采纳情况报告。开发单位组织召开职业标准终审会（程序见附录6），由7名以上单数人员组成的评审专家组（不含编写专家，初审专家比例不超过50%）对职业标准终审稿进行终审，形成专家终审意见。开发单位根据终审意见进一步修改完善，形成职业标准报批稿。

6.1.5.3 颁布

指导中心将职业标准报批稿报职业能力司审核。职业能力司将审核后的报批稿报经人力资源社会保障部领导同意后，由人力资源社会保障部办公厅或人力资源社会保障部办公厅会同有关部门综合司局颁布。职业标准内容应在标准颁布文件印发之日起10个工作日内，由指导中心在技能人才评价工作网发布。

6.2 公开征集

6.2.1 发布通告

人力资源社会保障部向社会发布征集国家职业标准的通告。

6.2.2 受理

6.2.2.1 有关单位向人力资源社会保障部提出颁布职业标准申请，由职业能力司会同指导中心进行符合性审查，并征求相关部门意见。如有多家单位同时提交同一职业标准申请，由职业能力司会同指导中心，结合相关部门意见，经评估择优确定。

6.2.2.2 鼓励有关单位在申报新职业建议的同时，按照本规程编写并提交该职业的职业标准初稿。

6.2.3 征求意见

申请单位根据人力资源社会保障部审查意见修改完善，形成职业标准征求意见稿，由职业能力司报经人力资源社会保障部领导同意后，征求相关部门意见，同时通过技能人才评价工作网向社会公示征求意见（人力资源社会保障部门户网站同步链接），公示期限为10个工作日。

6.2.4 终审

根据公示征求意见情况，申请单位进一步修改完善，形成职业标准终审稿和征求意见采纳情况报告。申请单位组织召开职业标准终审会，由7名以上单数人员组成的评审专家组（不含编写专家）对职业标准终审稿进行终审，形成专家终审意见。申请单位根据终审意见进一步修改完善，形成职业标准报批稿。

6.2.5 颁布

指导中心将职业标准报批稿报职业能力司审核。职业能力司将审核后的报批稿报经人力资源社会保障部领导同意后，由人力资源社会保障部办公厅或人力资源社会保障部办公厅会同有关部门综合司局颁布。职业标准内容应在标准颁布文件印发之日起10个工作日内，由指导中心在技能人才评价工作网发布。

7 职业标准编排格式

7.1 职业标准报批稿格式

职业标准报批稿统一采用 A4 纸张开幅，尺寸为 210 毫米×297 毫米，允许误差±1 毫米。职业标准报批稿采用统一编排格式（见附录7），并统一字体和字号（见附录8）。

开发单位可直接使用电子模板（文件名为"国家职业标准编写模板.doc"），按其已经设定好的编排格式进行编排。

7.2 职业标准出版格式

7.2.1 通则

出版职业标准的纸张统一采用32开幅面，尺寸为 148 毫米×210 毫米，允许误差±1 毫米。职业标准出版物采用统一格式（见附录9），并统一字体和字号（见附录10）。

7.2.2 封面

封面采用统一格式（见附录9图1）。

7.2.2.1 职业名称

职业名称居中排列，可分为上下多行编排，行间距为3毫米。

7.2.2.2 颁布版本

按照颁布发文的实际情况编写，无则不写。

7.2.2.3 职业编码

职业编码中阿拉伯数字间的间隔线为半字线。

7.2.3 说明

说明部分另起一页，采用统一格式（见附录9图2）。

7.2.4 正文

正文从单数页起排,采用统一格式(见附录9图3、4、5)。正文首页中职业名称与"国家职业标准"字样分两行编排,行间距为3毫米。除正文首页外,每页25行,每行24个中文字符。

7.2.5 封底

封底采用统一格式(见附录9图6)。

7.2.6 其他

7.2.6.1 标题和段落

标题占两行,上下居中,顶格编排,编号与其后的文字之间空一个汉字间隙。

标题下每个段落段首空两个汉字起排,回行时顶格编排。

7.2.6.2 书眉和页码

从职业标准的正文开始,在每页书眉位置列出职业编码,单数页排在书眉右侧(见附录9图3),双数页排在书眉左侧(见附录9图4)。

从说明页到正文前用正体大写罗马数字开始编页码;正文起用阿拉伯数字从1开始另编页码。页码单数页排在右下侧(见附录9图3),双数页排在左下侧(见附录9图4)。

附录 1

职业标准结构图

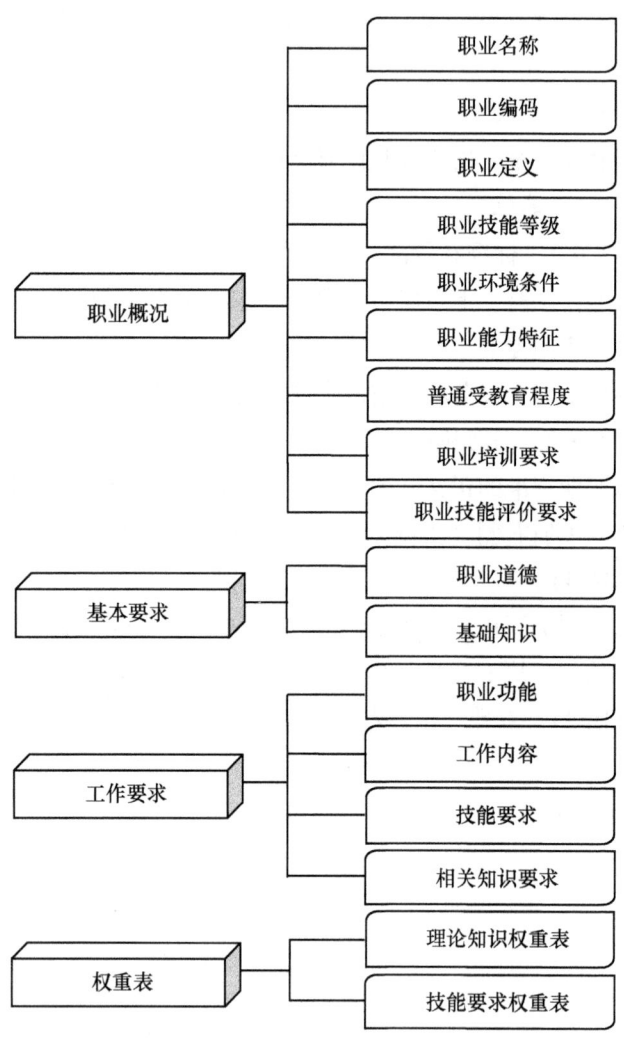

附录 2

职业技能等级划分依据

1. 学徒工：在师傅指导下，完成本职业某一方面工作。

2. 五级/初级工：能够运用基本技能独立完成本职业的常规工作。

3. 四级/中级工：能够熟练运用基本技能独立完成本职业的常规工作；在特定情况下，能够运用专门技能完成技术较为复杂的工作；能够与他人合作。

4. 三级/高级工：能够熟练运用基本技能和专门技能完成本职业较为复杂的工作，包括完成部分非常规性的工作；能够独立处理工作中出现的问题；能够指导和培训初、中级工。

5. 二级/技师：能够熟练运用专门技能和特殊技能完成本职业复杂的、非常规性的工作；掌握本职业的关键技术技能，能够独立处理和解决技术或工艺难题；在技术技能方面有创新；能够指导和培训初、中、高级工；具有一定的技术管理能力。

6. 一级/高级技师：能够熟练运用专门技能和特殊技能在本职业的各个领域完成复杂的、非常规性工作；熟练掌握本职业的关键技术技能，能够独立处理和解决高难度的技术问题或工艺难题；在技术攻关和工艺革新方面有创新；能够组织开展技术改造、技术革新活动；能够组织开展系统的专业技术培训；具有技术管理能力。

7. 特级技师：在生产科研一线从事技术技能工作、业绩贡献突出的企业高技能领军人才。能够熟练运用专门技能和特殊技能在本职业的各个领域完成复杂的、非常规性工作；精通本职业领域的重要理论原理及关键技术技能，能够独立处理和解决高难度的技术问题或工艺难题；承担传授技艺的任务，在技能人才梯队培养上作出突出贡献。

8. 首席技师：在技术技能领域作出重大贡献，或在本地区、本行业企业具有公认的高超技能、精湛技艺的地方或行业企业高技能领军人才。为地方、行业企业高技能人才队伍建设作出突出贡献；为国家重大技术攻关、成果转化、技术创新、发明等作出突出贡献，在地方、行业企业的技术进步与发展中发挥关键作用，专业水平在地方、行业企业具有很高认可度和影响力。

附录 3

职业环境条件描述要素

1. 工作地点

室内：指从事该职业的人员在室内工作的时间超过 75%。

室外：指从事该职业的人员在室外工作的时间超过 75%。

室内、外：指从事该职业的人员在室内、外工作的时间大体相等。

2. 温度

低温：指从事该职业的人员作业环境平均气温小于或等于 5 ℃。

高温：指从事该职业的人员作业环境在高气温，或有强烈的热辐射，或伴有高气湿相结合的异常气象条件下，WBGT 指数超过规定限值。

3. 潮湿：指接触水或大气中空气相对湿度平均大于或等于 80%。

4. 噪声：指在工作时间内 8 h/d 或 40 h/w 噪声暴露等效声级大于或等于 80 dB（A）。

5. 大气条件

环境中有毒有害物质的浓度、空气中的粉尘浓度应符合国家有关规定标准。

6. 其他条件

附录4

职业能力特征描述要素

1. 一般智力：主要指学习能力，即获取、领会和理解外界信息的能力，以及分析、推理和判断的能力。

2. 表达能力：以语言或文字方式有效地进行交流、表述的能力。

3. 计算能力：准确而有目的地运用数字进行运算的能力。

4. 空间感：凭思维想象几何形体和将简单三维物体表现为二维图像的能力。

5. 形体知觉：觉察物体、图画或图形资料中有关细部的能力。

6. 色觉：辨别颜色的能力。

7. 手指灵活性：迅速、准确、灵活地运用手指完成既定操作的能力。

8. 手臂灵活性：熟练、准确、稳定地运用手臂完成既定操作的能力。

9. 动作协调性：根据视觉信息协调眼、手、足及身体其他部位，迅速、准确、协调地作出反应，完成既定操作的能力。

10. 其他。

附录 5

申请参加职业技能评价的条件[①]

1. 具备以下条件之一者，可申报五级/初级工：
（1）年满 16 周岁，拟从事本职业或相关职业[②]工作。
（2）年满 16 周岁，从事本职业或相关职业工作。

2. 具备以下条件之一者，可申报四级/中级工：
（1）累计从事本职业或相关职业工作满 5 年。
（2）取得本职业或相关职业五级/初级工职业资格（职业技能等级）证书后，累计从事本职业或相关职业工作满 3 年。
（3）取得本专业或相关专业[③]的技工院校或中等及以上职业院校、专科及以上普通高等学校毕业证书（含在读应届毕业生）。

3. 具备以下条件之一者，可申报三级/高级工：
（1）累计从事本职业或相关职业工作满 10 年。
（2）取得本职业或相关职业四级/中级工职业资格（职业技能等级）证书后，累计从事本职业或相关职业工作满 4 年。
（3）取得符合专业[④]对应关系的初级职称（专业技术人员职业资格）后，累计从事本职业或相关职业工作满 1 年。

---

① 企业开展自主评价的申报条件，可根据国家职业标准，结合企业工种（岗位）特殊要求，对职业功能、工作内容、技能要求和申报条件等进行适当调整，原则上不低于国家职业标准要求。无相应国家职业标准的，企业可参照本规程自主开发制定企业评价规范。企业可结合实际，灵活运用过程化考核、模块化考核、岗位练兵、技术比武、技能竞赛、业绩评审、直接认定等多种方式进行评价。
参加中国特色企业新型学徒制的学员按照培养目标进行考核定级。
② 在具体职业标准中应明确相关职业的范围，下同。
③ 在具体职业标准中应明确与该职业对应的专业或相关专业的范围，下同。
④ 在具体职业标准中应明确与该职业对应的专业，下同。

（4）取得本专业或相关专业的技工院校高级工班及以上毕业证书（含在读应届毕业生）。

（5）取得本职业或相关职业四级/中级工职业资格（职业技能等级）证书，并取得高等职业学校、专科及以上普通高等学校本专业或相关专业毕业证书（含在读应届毕业生）。

（6）取得经评估论证的高等职业学校、专科及以上普通高等学校本专业或相关专业的毕业证书（含在读应届毕业生）。

4. 具备以下条件之一者，可申报二级/技师：

（1）取得本职业或相关职业三级/高级工职业资格（职业技能等级）证书后，累计从事本职业或相关职业工作满5年。

（2）取得符合专业对应关系的初级职称（专业技术人员职业资格）后，累计从事本职业或相关职业工作满5年，并在取得本职业或相关职业三级/高级工职业资格（职业技能等级）证书后，从事本职业或相关职业工作满1年。

（3）取得符合专业对应关系的中级职称（专业技术人员职业资格）后，累计从事本职业或相关职业工作满1年。

（4）取得本职业或相关职业三级/高级工职业资格（职业技能等级）证书的高级技工学校、技师学院毕业生，累计从事本职业或相关职业工作满2年。

（5）取得本职业或相关职业三级/高级工职业资格（职业技能等级）证书满2年的技师学院预备技师班、技师班学生。

5. 具备以下条件之一者，可申报一级/高级技师：

（1）取得本职业或相关职业二级/技师职业资格（职业技能等级）证书后，累计从事本职业或相关职业工作满5年。

（2）取得符合专业对应关系的中级职称后，累计从事本职业或相关职业工作满5年，并在取得本职业或相关职业二级/技师职业资格（职业技能等级）证书后，从事本职业或相关职业工作满 1 年。

（3）取得符合专业对应关系的高级职称（专业技术人员职业资格）后，累计从事本职业或相关职业工作满 1 年。

附录6

职业标准编制启动会或评审会程序

1. 职业标准编制启动会可按以下程序进行：

（1）介绍参会领导及专家。

（2）讲解职业标准编制技术规程。

（3）编写专家组汇报职业调查和分析、标准开发进度安排、任务分工及存在的问题等情况。

（4）与会专家讨论、答疑。

（5）与会专家讨论职业标准的"职业功能"和"工作内容"等基本框架结构，并进行至少2个等级的1项"职业功能"的拟写。

2. 职业标准初审会或终审会可按以下程序进行：

（1）介绍参会领导及专家，讲解标准审定要求。

（2）推荐专家评审组组长。

（以下程序由专家评审组组长主持）

（3）编写专家组代表汇报职业标准编制思路、等级设置、存在问题等情况。（终审会上还需汇报对征求意见的研究采纳情况）

（4）与会专家就职业标准进行质疑，标准编写组进行答疑。

（5）与会专家逐条审定职业标准内容，编写专家组代表负责做好修改记录。

（6）形成专家评审意见，评审专家在评审意见上签字。

（7）宣读评审意见。

附录7

职业标准报批稿格式

国家职业标准

职业编码：X-XX-XX-XX

职业名称

（报批稿）

标准制定单位 制定

说　　明

××。

（职业标准的编制依据）××。

（职业标准的主要内容或修订情况）

——××。

——××。

——××。

（职业标准的起草单位/主要起草人）×××。

（职业标准的审定单位/审定人员）××。

（鸣谢单位/人员）×××××××××××××××××××××××××××××。

职业名称
国家职业标准
（报批稿）

1 职业概况
1.1 职业名称
××××××× 。
1.2 职业编码
×-××-××-××。
1.3 职业定义
××。
1.4 职业技能等级
××。
1.5 职业环境条件
×××××××××××× 。
1.6 职业能力特征
××。
1.7 普通受教育程度
××。
1.8 职业培训要求
1.8.1 培训参考时长
××××××××××××××××××××××××××××××××××××

××××××××××××××××××××。

1.8.2 培训教师

××。

1.8.3 培训场所设备

××。

1.9 职业技能评价要求

1.9.1 申报条件

××。

1.9.2 评价方式

××。

1.9.3 监考人员、考评人员与考生配比

××。

1.9.4 评价时长

××。

1.9.5 评价场所设备

××。

···分页符···

2 基本要求

2.1 职业道德

2.1.1 职业道德基本知识

2.1.2 职业守则

(1) ××××××××××。

(2) ×××××××××。

2.2 基础知识

2.2.1 ××××

(1) ×××××××××。

(2) ×××××××××。

2.2.2 ××××

(1) ×××××××××。

(2) ×××××××××。

··············分页符··············

3 工作要求

××。

3.1 ×级/×××

职业功能	工作内容	技能要求	相关知识要求
1. × × ×	1.1×××××××	1.1.1×××××××× 1.1.2★××××××× 1.1.3×××××××× ……	1.1.1×××××××× 1.1.2×××××××× 1.1.3×××××××× ……

续表

职业功能	工作内容	技能要求	相关知识要求
1.××××	1.2×××××××	1.2.1××××××××× 1.2.2××××××××× 1.2.3××××××××× ……	1.2.1××××××××× 1.2.2××××××××× 1.2.3××××××××× ……
2.××××××	2.1×××××××	2.1.1××××××××× 2.1.2××××××××× ……	2.1.1××××××××× 2.1.2××××××××× ……
	2.2×××××××	2.2.1××××××××× 2.2.2××××××××× 2.2.3××××××××× ……	2.2.1××××××××× 2.2.2××××××××× 2.2.3××××××××× ……
	……	……	……
……	……	……	……

·········分页符·········

4 权重表

4.1 理论知识权重表

项目 \ 技能等级		五级/ 初级工 (%)	四级/ 中级工 (%)	三级/ 高级工 (%)	二级/ 技师 (%)	一级/ 高级技师 (%)
基本要求	××××	×	×	×	×	×
	××××	×	×	×	×	×
相关知识要求	××××	×	×	×	×	×
	××××	×	×	×	×	×
	××××	×	×	×	×	×
合计		100	100	100	100	100

4.2 技能要求权重表

项目	技能等级	五级/初级工(%)	四级/中级工(%)	三级/高级工(%)	二级/技师(%)	一级/高级技师(%)
技能要求	××××	×	×	×	×	×
	××××	×	×	×	×	×
	××××	×	×	×	×	×
	××××	×	×	×	×	×
合计		100	100	100	100	100

••••••••••••••••••••••••分页符••••••••••••••••••••••••

5 附录

×××。

附录8

职业标准报批稿的字体和字号要求

序号	页别	位置	文字内容	字号和字体
01	封面	第一行	国家职业标准	一号华文中宋
02		第二行	职业编码	小四号黑体
03		第三行	职业名称	小一号黑体
04		第四行	报批稿	三号宋体
05		倒数第一行	标准制定单位	四号宋体
06		倒数第一行	制定	四号宋体
07	说明	第一行	说明	三号黑体
08			说明内容	小四号宋体
09	正文首页	第一行	职业名称	小二号黑体
10		第二行	国家职业标准	小二号黑体
11		第三行	报批稿	小四号宋体
12	各页		标题	小四号黑体
13			职业标准的正文	小四号宋体
14			表中的数字和文字	五号宋体
15			脚注、脚注编号	五号宋体

附录9

职业标准出版格式

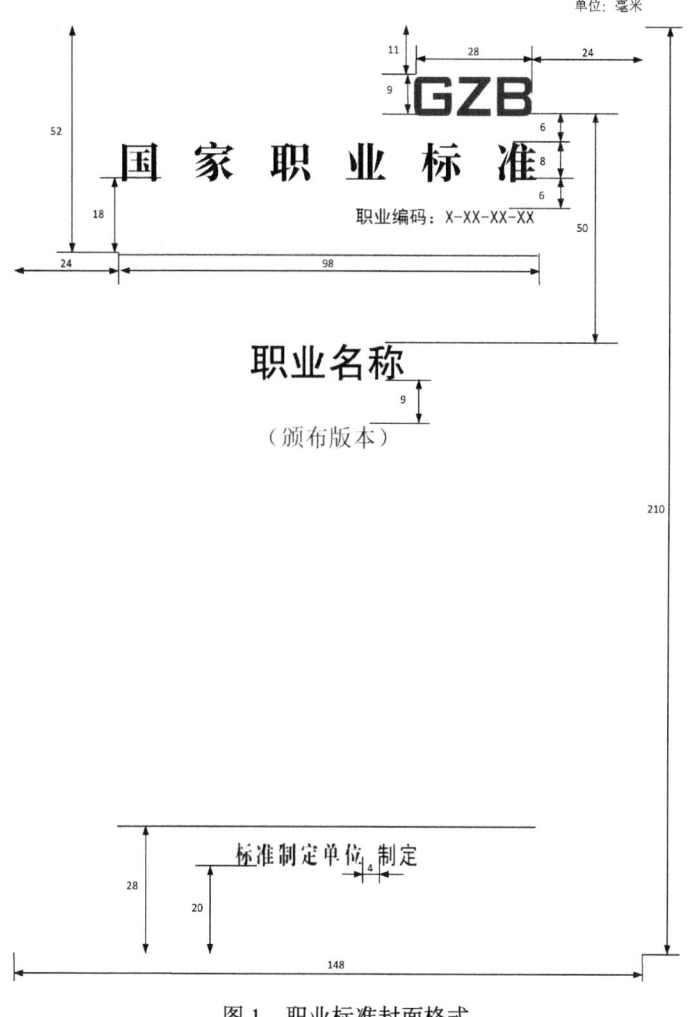

图1 职业标准封面格式

单位：毫米

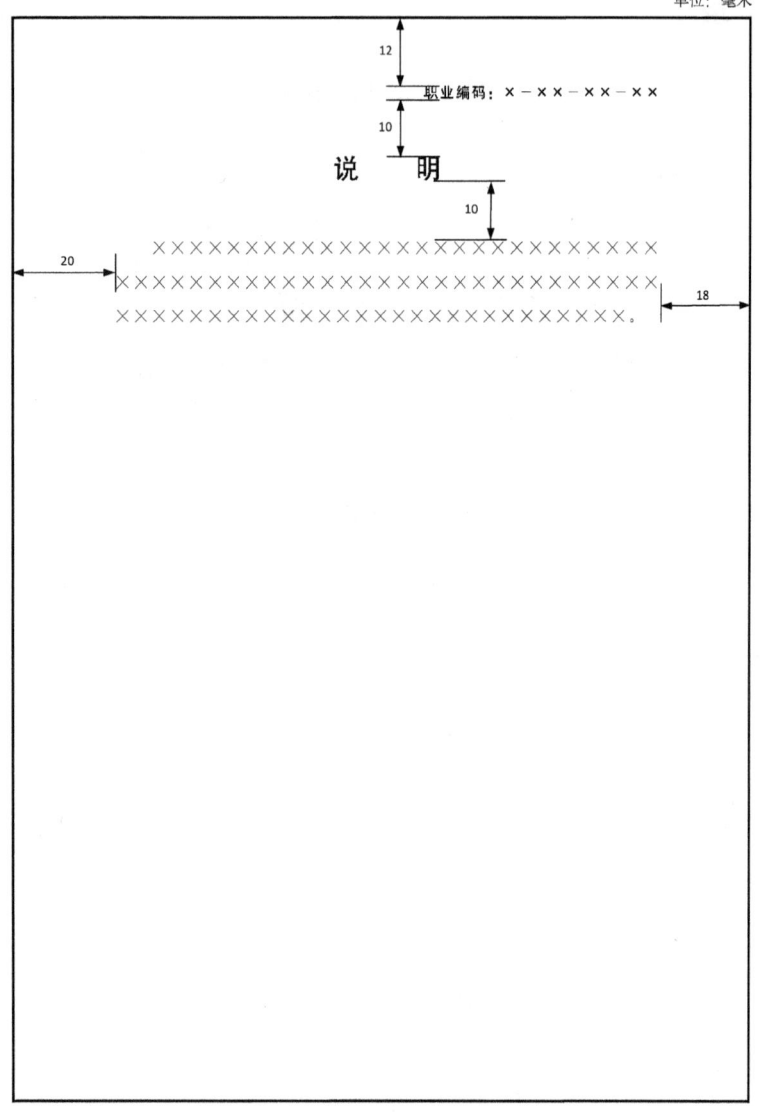

图 2 职业标准说明格式

单位：毫米

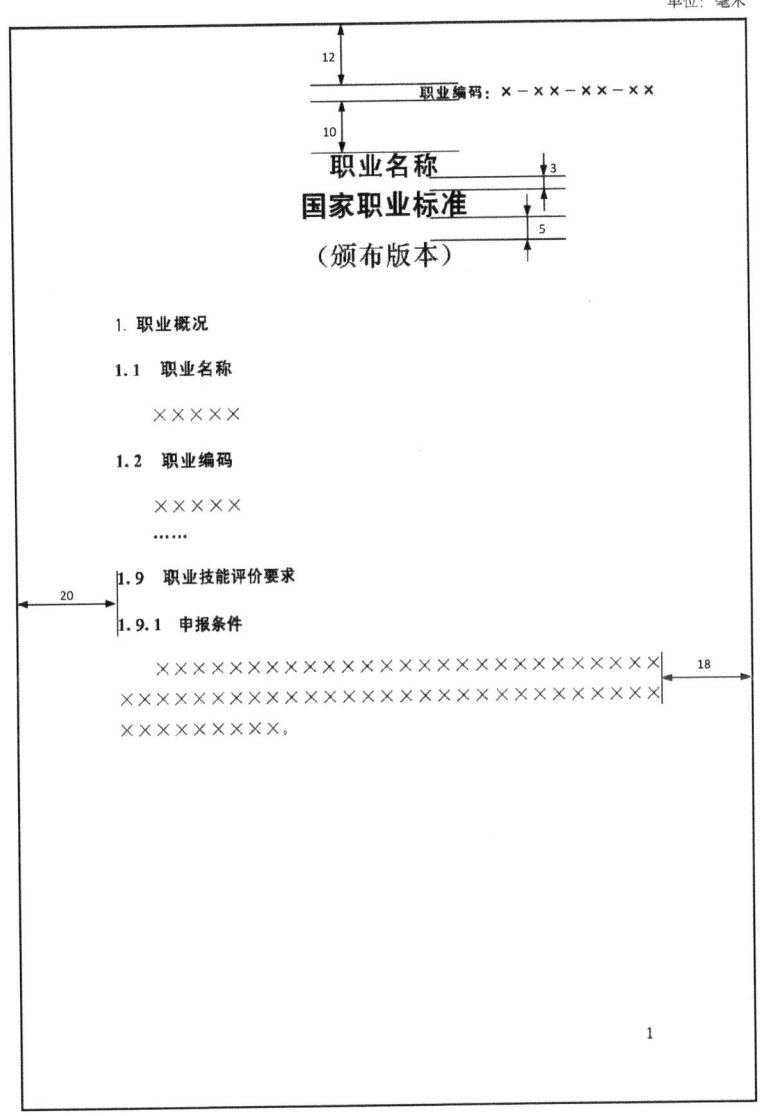

图 3 职业标准正文格式 1

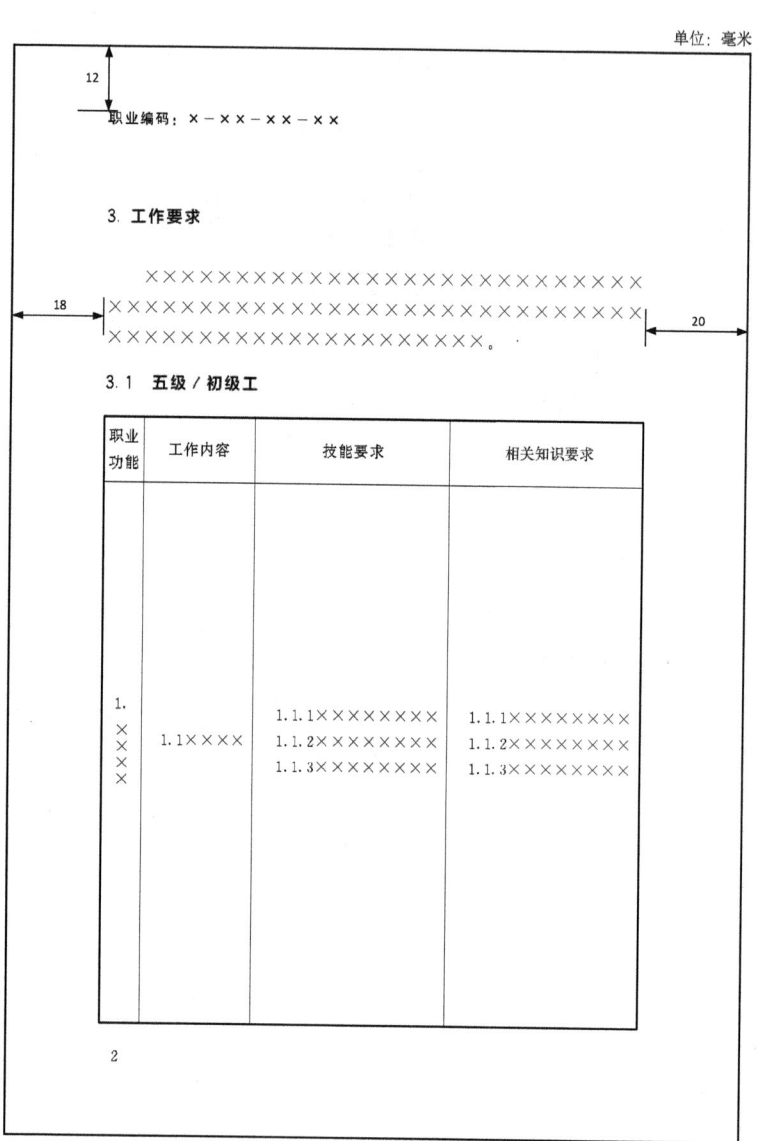

图4 职业标准正文格式2

单位：毫米

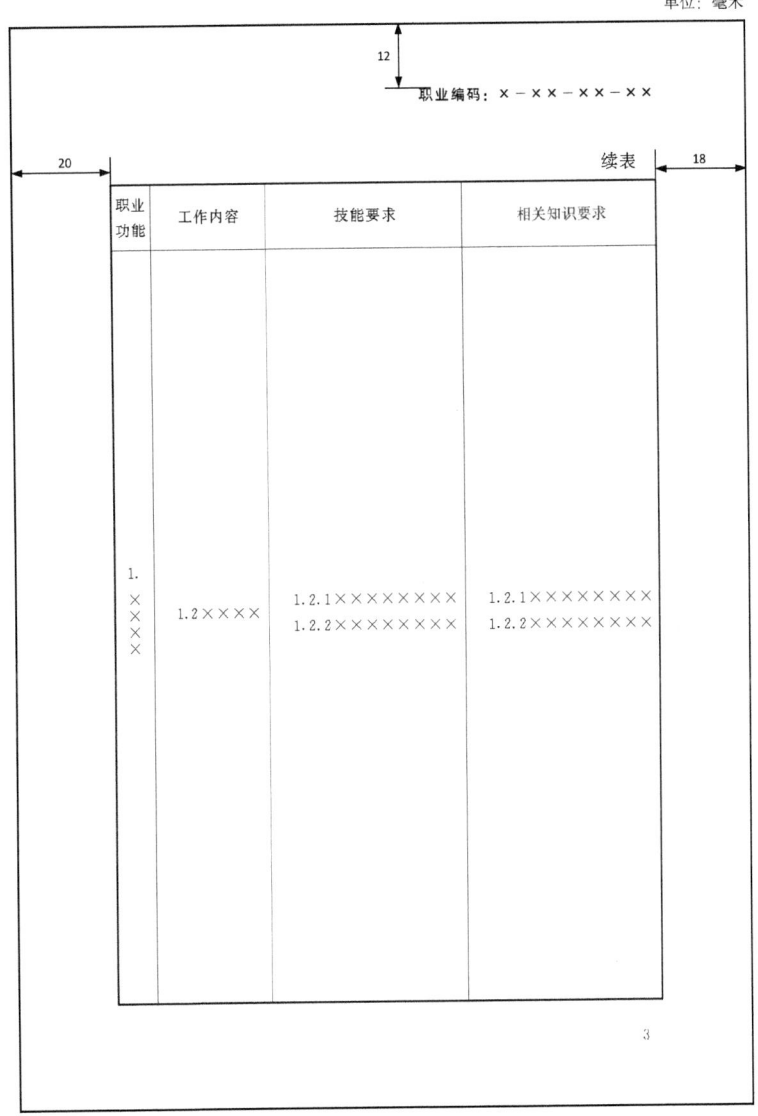

图 5　职业标准正文格式 3

单位：毫米

图 6 职业标准封底格式

附录10

职业标准出版物的字体和字号要求

序号	页别	位置	文字内容	字号和字体
01	封面	右上第一行	职业标准的标志	专用美术体字 (色值：C=95, M=95, Y=0, K=5)
02		右上第二行	职业编码	小四号黑体
03		第一行	国家职业标准	专用字（一号凤雅宋）
04		第二行	职业名称	一号黑体
05		第三行	颁布版本	三号宋体
06		倒数第一行	标准制定单位	专用字（三号大标宋）
07		倒数第一行	制定	三号黑体
08	说明	第一行	说明	三号黑体
09			说明内容	五号宋体
10	正文首页	第一行	职业名称	三号黑体
11		第二行	国家职业标准	三号黑体
12		第三行	颁布版本	三号宋体
13	各页		标题	五号黑体
14			职业标准的正文	五号宋体
15			表中的数字和文字	小五号宋体
16			脚注、脚注编号	小五号宋体
17	封底	右上角	职业编码	小四号黑体
18	单双数页	书眉右、左侧	职业编码	小五号黑体
19		版心右、左下角	页码	小五号宋体

国家职业标准编制技术规程
（专业技术类）

1 范围

本规程规定了国家职业标准（以下简称职业标准）的编制指导思想、工作目标、编制原则、结构要素、标准内容、编制程序以及编写表述规则和格式要求，并列出了有关表述样式。

本规程适用于现行《中华人民共和国职业分类大典》（以下简称《大典》）中所列专业技术类有关职业的职业标准编制。

2 术语和定义

2.1 职业

从业人员为获取主要生活来源所从事的社会工作类别。

2.2 职业分类

以工作性质的同一性或相似性为基本原则，对社会职业进行的系统划分与归类。

2.3 国家职业标准（专业技术类）

在职业分类的基础上，根据职业活动内容，按照专业技术类有关职业的职业属性和工作要求，对从业人员的理论知识、专业能力提出的综合性规定。它是开展相应职业教育培训、继续教育和专业能力评价的基本依据。

3 总则

3.1 指导思想

以习近平新时代中国特色社会主义思想为指导，依据《中华人民共和国劳动法》和《中华人民共和国职业教育法》，立足新发展阶段、贯彻新发展理念、构建新发展格局、推动高质量发展，落实《关于加强和改进新时代人才工作的意见》《关于深化人才发展体制机制改革的意见》《关于分类推进人才评价机制改革的指导意见》《关于深化职称制度改革的意见》和《专业技术人员继续教育规定》等有关要求，适应经济社会发展和科技进步需要，弘扬科学精神和敬业精神，推动实施新时代人才强国战略、创新驱动发展战略，建立以职业活动为导向、以专业能力为核心的职业标准体系。

3.2 工作目标

职业标准应满足人力资源开发和管理的需要，充分发挥职业在经济社会发展和产业应用中的引领性和导向性作用。以职业分类和职业标准为基准，推进专业技术人员教育培训与专业技术等级考核，促进专业技术人员提升专业能力和综合素质，实现人力资源深度开发。

3.3 编制原则

3.3.1 整体性原则

职业标准应反映当前该职业活动在我国的整体状况和发展趋势，突出该职业领域的核心理论知识、主流技术及未来发展要求，适应专业技术标准化程度高、通用性强的特点，兼顾不同领域或行业间可能存在的差异。

职业标准一般应定位于全国中等偏上水平，且是相关专业技术领域人员经过继续教育或岗位实践能够达到的水平。

3.3.2 等级性原则

职业标准应遵循技术发展和人才成长规律，按照专业技术人员"职业活动范围的宽窄、工作责任的大小、工作难度的高低或技术复杂程度、风险等级"来划分专业技术等级。

3.3.3 规范性原则

职业标准的内容结构、表述方法应符合本规程的要求；职业标准中的术语应保持一致，同一概念应使用同一个术语；文字描述应简洁明确且无歧义，能被专业人员理解；所用技术术语与文字符号应符合现行国家技术标准。

3.3.4 实用性原则

职业标准不仅应客观、准确地反映工作岗位对专业技术人员的理论知识、技术能力要求，而且应符合继续教育、人才评价和人力资源管理工作的需要。

3.3.5 可操作性原则

职业标准内容应力求具体化、可度量、可检验，便于实施。

4 职业标准结构要素

4.1 封面

封面应列出职业标准的信息，包括职业名称、职业编码、版本、发布部门等。

4.2 说明

说明应视情况依次列出以下内容：
——职业标准编制的依据；
——职业标准的主要内容或修订情况；
——职业标准的起草单位/主要起草人；
——职业标准的审定人员。

4.3 内容

职业标准主要内容包括职业概况、基本要求、工作要求和权重表四部分（职业标准结构图见附录1）。

4.4 附录

职业标准附录为可选要素，可以列出有助于职业标准理解和使用的附加信息，如专业术语、参考文献、索引等。

5 职业标准内容

5.1 职业概况

5.1.1 职业名称

应采用《大典》确定的职业名称。

5.1.2 职业编码

应采用《大典》确定的职业编码。

5.1.3 职业定义

应采用《大典》确定的职业定义。

5.1.4 专业技术等级

专业技术等级由低到高一般可分为初级、中级、高级。根据职业实际需要，各等级可设若干职业方向。

参照《专业技术等级划分依据》（见附录2），确定专业技术等级，专业技术等级连续设置。

5.1.5 职业环境条件

从业人员所处的客观工作环境。

职业标准应根据职业的实际情况，参照《职业环境条件描述要素》（见附录3）进行客观描述。

5.1.6 职业能力特征

从业人员从事某个职业须具备的基本能力和潜力。

职业标准应根据职业的实际情况，参照《职业能力特征描述要素》（见附录4），列出影响本职业从业人员职业生涯发展的必备基本能力。

5.1.7 普通受教育程度

从业人员初入本职业时须具备的最低学历（力）要求。

职业标准应根据职业的实际情况，从下列表述中选择其一进行描述：

——高中毕业（或同等学力）；

——大学专科学历（或同等学力）；

——大学本科学历（或学士学位）；

——硕士学位（或第二学士学位）；

——博士学位。

5.1.8 职业培训要求

职业培训要求包括培训时间、培训教师、培训场所设备3项内容。

5.1.8.1 培训时间

根据本职业必备的基础知识、专业知识、技术实践要求，构建融合新技术和反映产业应用要求的培训培养模式、培训课程体系，编制培训大纲。参训人员按照本职业培训大纲的要求参加有关课程培训，完成规定学时。

职业标准应根据职业的特点和内容，分别列出各等级培训时间的参考性时长要求，以标准学时表示。

示例：初级××标准学时；中级××标准学时；高级××标准学时。

5.1.8.2 培训教师

对培训中承担理论知识或专业能力培训任务的人员要求。应根据职业的实际情况和培训对象的专业技术等级，提出要求：

——理论知识培训教师应具有的职称（职业资格）或专业技术等级和年限。

——专业能力培训教师应具有的职称（职业资格）或专业技术等级和年限。

5.1.8.3 培训场所设备

实施职业培训所必备的场所和设施设备要求。应对理论知识和专业能力培训场所设备分别进行描述：

——理论知识培训所需的教学场地要求和必备的教学仪器设备。

——专业能力培训所需的场地要求和必备的设施设备。

5.1.9 专业技术考核要求

5.1.9.1 申报条件

职业标准应根据职业的实际情况，参照《申请参加专业技术等级考核的条件》（见附录5）进行描述。原则上，各职业的申报年限应不低于规定的要求；国家有特殊规定的从其规定。如需对申报条件进行调整，须提交有关文字说明。

5.1.9.2 考核方式

从理论知识、专业能力两个维度对专业技术人员专业技术水平进行考核，分别以笔试（机考）、实操考核。

理论知识考试以笔试或机考方式为主，主要考查专业技术人员从事本职业应掌握的基本知识和专业知识；专业能力考核主要采用专业设计、模拟操作等实操考核方式进行，主要考查专业技术人员从事本职业应具备的实际工作能力。

职业标准应根据职业的特点，分别对笔试（机考）、实操考核的具体方法和形式，各职业等级考核的依据、分值结构、评分要求等作出说明。

理论知识考试、专业能力考核均实行百分制，成绩皆达60分（含）以上为合格。考核合格者获得相应专业技术等级证书。

5.1.9.3 监考人员、考评人员与考生配比

职业标准应根据职业的特点，分别列出理论知识考试中的监考人员与考生数量的比例、专业能力考核中的考评人员与考生数量的比例。

理论知识考试中的监考人员与考生配比不低于1∶15，且每个考场不少于2名监考人员；专业能力考核中的考评人员与考生配比应根据职业特点、考核方式等因素确定，且考评人员为3人（含）以上单数。

5.1.9.4 考核时间

职业标准应根据职业的特点和内容，分别列出各专业技术等级的理论知识考试、专业能力考核的最低时间要求，以分钟表示。

5.1.9.5 考核场所设备

职业标准应对理论知识考试和专业能力考核必备的场所和设施设备要求分别进行描述。

5.2 基本要求

5.2.1 职业道德

专业技术人员在职业活动中应遵循的基本观念、意识、品质和行为的要求，即一般社会道德以及科学精神和敬业精神在职业活动中的具体体现。主要包括职业道德基本知识、职业守则两部分。

职业标准应列出最能反映本职业特点的职业守则。

5.2.2 基础知识

专业技术人员在职业活动中应掌握的通用基本理论、安全、知识产权保护、环境保护和有关法律法规知识等。

职业标准应本着实用、够用的原则，列出与本职业密切相关并贯穿整个职业活动的核心基础知识。

5.3 工作要求

5.3.1 通则

工作要求是在分析、细化职业活动基础上,对专业技术人员完成本职业具体工作所应具备的技术要求和相关知识要求的描述。它是职业标准的核心部分。工作要求应分专业技术等级进行编写,各等级的专业技术要求和相关知识要求应依次递进,高级别涵盖低级别的要求。对于职业所包括的工作内容之间相似程度不高的,可以采用模块化编写模式。

工作要求内容的编写原则上不得超出《大典》关于职业描述的职业定义和主要工作任务。

工作要求包括职业功能、工作内容、专业能力要求、相关知识要求4项内容(见下表)。

×级

职业功能	工作内容	专业能力要求	相关知识要求
1. × × × ×	1.1××××	1.1.1 能××××××× 1.1.2 能××××××× ……	1.1.1××××××× 1.1.2××××××× ……
	1.2××××	1.2.1 能××××××× 1.2.2 能××××××× ……	1.2.1××××××× 1.2.2××××××× ……
2. × × × ×	2.1××××	2.1.1 能××××××× 2.1.2 能××××××× ……	2.1.1××××××× 2.1.2××××××× ……
	2.2××××	2.2.1 能××××××× 2.2.2 能××××××× ……	2.2.1××××××× 2.2.2××××××× ……
	……	……	……
……	……	……	……

5.3.2 职业功能

从业人员所要实现的工作目标，或本职业活动的主要方面（活动项目）。

职业标准应根据职业的特点，按照工作领域、工作项目、工作程序、工作对象或工作成果等划分职业功能。具体要求为：

——每项职业功能都应是：可就业的最小专业技术单元；从业人员的主要工作职责之一，定期出现；可独立进行培训和评价。

——职业功能的划分标准要统一，通常情况下，每个等级的职业功能应不少于3项。

——职业功能模块的规范表述形式是："动词+宾语"。

——通常情况下，职业功能在各专业技术等级中是一致的，高等级的职业功能一般比低等级多。

5.3.3 工作内容

完成职业功能所应做的工作，是职业功能的细分。

职业标准应按照工作种类、工作流程或工作对象等划分工作内容。具体要求为：

——每项工作内容应是一个有始有终的完整过程，或是可观察到的具体工作单元，或是完成一项服务，或是产生一种结果。

——通常情况下，每项职业功能应包含2项或2项以上的工作内容。

——工作内容的规范表述形式与职业功能相同。

5.3.4 专业能力要求

完成每项工作内容应达到的结果或应具备的能力，以及创新、协作、绿色、安全等方面能力，是工作内容的细分。

职业标准应列出从业人员可独立完成的专业能力要求,其描述应具有可识别性、可度量性。具体要求为:

——专业能力要求的内容应具有可识别性,对每项能力应有具体的描述,能度量的一定要量化;对于不同等级中同一项工作或能力,应分别写出不同的具体要求,不可用"了解""掌握""熟悉"等词语或仅用程度副词来区分等级。

——专业能力要求的规范表述形式为"能……+动词……",或"能+动词……"等,一般应包含"知识、技能、素养"3个要素。

——专业能力要求中涉及仪器设备的使用时,不能单纯要求"能使用……仪器或设备",而应写明"能使用……仪器或设备+动词……"。

5.3.5 相关知识要求

达到每项专业能力要求必备的知识。

职业标准应列出完成职业活动所需掌握的理论知识、专业技术要求、操作规程和安全规范等知识点。相关知识要求应与专业能力要求相对应,是具体的知识点,而不是宽泛的知识领域。

5.4 权重表

5.4.1 理论知识权重表

职业标准应列出基本要求和各等级职业功能对应的相关知识要求在教育培训、专业能力考核评价中所占的权重(见下表)。

项目		专业技术等级	初级(%)	中级(%)	高级(%)
基本要求	职业道德		×	×	×
	基础知识		×	×	×

续表

项目	专业技术等级	初级(%)	中级(%)	高级(%)
相关知识要求	职业功能1	×	×	×
	职业功能2	×	×	×
	职业功能3	×	×	×
	……	……	……	……
合计		100	100	100

5.4.2 专业能力要求权重表

职业标准应列出各等级职业功能对应的专业能力要求在教育培训、专业能力考核评价中所占的权重（见下表）。

项目	专业技术等级	初级(%)	中级(%)	高级(%)
专业能力要求	职业功能1	×	×	×
	职业功能2	×	×	×
	职业功能3	×	×	×
	……	……	……	……
合计		100	100	100

6 编制程序

6.1 职业标准立项

6.1.1 提出计划

行业主管部门可结合职业发展需求提出职业标准开发申请，人力资源社会保障部专业技术人员管理司（以下简称专技司）根据《大典》确定职业标准开发计划，面向社会公开征集遴选职业标准开发单位和职业标准。公开征集到的职业标准，可择优直接进入 6.3.1 初审环节。

6.1.2 组建工作组

职业标准开发单位牵头组建工作组，工作组由编写专家和本单位 1 名工作人员（即联络人）组成。

编写专家组由不少于 5 名专家组成，包括方法专家、内容专家和实际工作专家，涵盖相关职业领域的高等院校、科研院所、企业等。方法专家由熟悉本规程和职业标准编制方法的人员担任；内容专家由长期从事该职业理论研究和教学工作的人员担任；实际工作专家由长期从事该职业活动的管理或专业技术人员担任，占编写专家组总人数的一半以上。编写专家组应确定组长和主笔人。

联络人负责职业标准开发全过程的组织协调、进度控制、质量把关、材料报送等具体工作，并将工作组人员名单报专技司。

6.1.3 开展职业调查和职业分析

开发单位应组织力量开展职业调查，了解该职业的活动目标、工作领域、发展状况、从业人员数量、受教育程度以及从业人员必备的知识和专业技术等。职业调查可以由编写专家组承担，也可以委托专门工作机构进行。在职业调查的基础上，由编写专家组进行职业分析，为职业标准编制做好前期准备。

6.2 **职业标准开发**

6.2.1 召开职业标准编制启动会

开发单位组织召开职业标准编制启动会，专技司介绍职业标准开发的总体安排和有关要求，中国就业培训技术指导中心（以下简称指导中心）宣讲辅导本规程，开发单位确定人员分工、时间进度安排，编写专家研究提出职业标准的基本框架结构，并进行至少 1 项"工作内容" 2 个等级的职业标准拟写。

6.2.2 编写职业标准初稿

编写专家组按照职业标准编制启动会确定的进度、框架结构等，结合职业调查和职业分析的结果，编写职业标准初稿。

6.3 职业标准审定

6.3.1 初审

职业标准初稿经指导中心符合性审查后，开发单位组织召开职业标准初审会（程序见附录6），组织专家（不含编写专家组专家）对职业标准初审稿内容进行评审，形成专家评审意见。评审专家组由7名以上单数人员组成。

6.3.2 征求意见

开发单位根据专家评审意见修改完善形成职业标准征求意见稿，经专技司审核后报人力资源社会保障部领导审定，征求相关部门意见，并面向社会征求意见，时间为10个工作日。

6.3.3 终审

开发单位根据征求意见情况修改完善形成职业标准终审稿、征求意见采纳情况汇总表。组织召开职业标准终审会（程序见附录6），组织专家（不含编写专家组，初审专家比例不超过50%）对职业标准终审稿内容进行评审，形成专家评审意见。评审专家组由7名以上单数人员组成。

6.4 颁布

开发单位根据专家评审意见修改排版形成职业标准报批稿，经专技司审核后报人力资源社会保障部领导审定，由人力资源社会保障部办公厅或人力资源社会保障部办公厅会同有关部门综合司局颁布。

7 职业标准编排格式

7.1 职业标准报批稿格式

职业标准报批稿统一采用 A4 纸张开幅,尺寸为 210 毫米×297 毫米,允许误差±1 毫米。职业标准报批稿采用统一编排格式(见附录7),并统一字体和字号。

7.2 职业标准出版格式

7.2.1 通则

出版职业标准的纸张统一采用 32 开幅面,尺寸为 148 毫米×210 毫米,允许误差±1 毫米。职业标准出版物采用统一格式,并统一字体和字号。

7.2.2 封面

封面采用统一格式。

7.2.2.1 职业名称

职业名称居中排列,可分为上下多行编排,行间距为 3 毫米。

7.2.2.2 颁布版本

按照颁布发文的实际情况编写,无则不写。

7.2.2.3 职业编码

职业编码中阿拉伯数字间的间隔线为半字线。

7.2.3 说明

说明部分另起一页,采用统一格式。

7.2.4 正文

正文从单数页起排,采用统一格式。正文首页中职业名称与"国家职业标准"字样分两行编排,行间距为 3 毫米。除正文首页外,每页 25 行,每行 24 个中文字符。

7.2.5 封底

封底采用统一格式。

7.2.6 其他

7.2.6.1 标题和段落

标题占两行，上下居中，顶格编排，编号与其后的文字之间空一个汉字间隙。

标题下每个段落段首空两个汉字起排，回行时顶格编排。

7.2.6.2 书眉和页码

从职业标准的正文开始，在每页书眉位置列出职业编码，单数页排在书眉右侧，双数页排在书眉左侧。

从说明页到正文前用正体大写罗马数字开始编页码；正文起用阿拉伯数字从1开始另编页码。页码单数页排在右下侧，双数页排在左下侧。

附录1

职业标准结构图

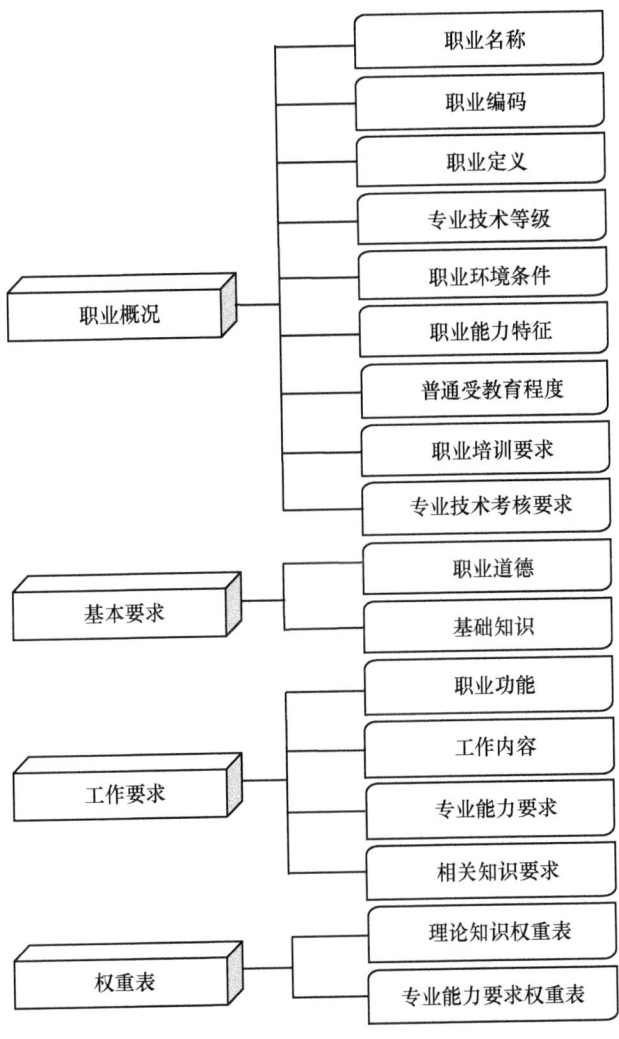

附录2

专业技术等级划分依据

1. 初级：能够运用基本技术独立完成本职业的常规工作。

2. 中级：能够熟练运用基本技术独立完成本职业的常规工作；在特定情况下，能够运用专门技术完成技术较为复杂的工作；能够与他人合作。

3. 高级：能够熟练运用基本技术和专门技术完成本职业较为复杂的工作，包括完成部分非常规性的工作；能够独立处理工作中出现的问题；能够指导和培训初、中级专业技术人员。

附录3

职业环境条件描述要素

1. 工作地点

室内：指从事该职业的人员在室内工作的时间超过75%。

室外：指从事该职业的人员在室外工作的时间超过75%。

室内、外：指从事该职业的人员在室内、外工作的时间大体相等。

2. 温度

低温：指从事该职业的人员作业环境平均气温小于或等于5 ℃。

高温：指从事该职业的人员作业环境在高气温，或有强烈的热辐射，或伴有高气湿相结合的异常气象条件下，WBGT指数超过规定限值。

3. 潮湿：指接触水或大气中空气相对湿度平均大于或等于80%。

4. 噪声：指在工作时间内 8 h/d 或 40 h/w 噪声暴露等效声级大于或等于 80 dB（A）。

5. 大气条件

环境中有毒有害物质的浓度、空气中的粉尘浓度应符合国家有关规定标准。

6. 其他条件

附录4

职业能力特征描述要素

1. 一般智力：主要指学习能力，即获取、领会和理解外界信息的能力，以及分析、推理和判断的能力。

2. 表达能力：以语言或文字方式有效地进行交流、表述的能力。

3. 计算能力：准确而有目的地运用数字进行运算的能力。

4. 空间感：凭思维想象几何形体和将简单三维物体表现为二维图像的能力。

5. 形体知觉：觉察物体、图画或图形资料中有关细部的能力。

6. 色觉：辨别颜色的能力。

7. 手指灵活性：迅速、准确、灵活地运用手指完成既定操作的能力。

8. 手臂灵活性：熟练、准确、稳定地运用手臂完成既定操作的能力。

9. 动作协调性：根据视觉信息协调眼、手、足及身体其他部位，迅速、准确、协调地作出反应，完成既定操作的能力。

10. 其他。

附录 5

申请参加专业技术等级考核的条件

1. 取得初级培训学时证明，并具备以下条件之一者，可申报初级专业技术等级：

（1）取得技术员职称。

（2）具备相关专业大学本科及以上学历（含在读的应届毕业生）或学士学位。

（3）具备相关专业大学专科学历，从事本职业技术工作满1年。

（4）技工院校毕业生按国家有关规定申报。

2. 取得中级培训学时证明，并具备以下条件之一者，可申报中级专业技术等级：

（1）取得助理工程师职称后，从事本职业技术工作满2年。

（2）具备大学本科学历，或学士学位，或大学专科学历，取得初级专业技术等级后，从事本职业技术工作满3年。

（3）具备硕士学位或第二学士学位，取得初级专业技术等级后，从事本职业技术工作满1年。

（4）具备相关专业博士学位。

（5）技工院校毕业生按国家有关规定申报。

3. 取得高级培训学时证明，并具备以下条件之一者，可申报高级专业技术等级：

（1）取得工程师职称后，从事本职业技术工作满3年。

（2）具备硕士学位，或第二学士学位，或大学本科学历，或学士学位，取得中级专业技术等级后，从事本职业工作满4年。

(3) 具备博士学位,取得中级专业技术等级后,从事本职业技术工作满1年。

(4) 技工院校毕业生按国家有关规定申报。

附录6

职业标准评审会程序

职业标准初审会和终审会可按以下程序进行：

1. 推荐专家评审组组长。

（以下程序由专家评审组组长主持）

2. 编写专家组代表汇报职业标准编制思路、等级设置、存在问题、征求意见及采纳等情况。

3. 与会专家就职业标准进行质疑，标准编写组进行答疑。

4. 与会专家逐条审定职业标准内容，编写专家组代表负责做好修改记录。

5. 形成专家评审意见，评审专家在评审意见上签字。

6. 宣读评审意见。

附录7

职业标准报批稿格式

国家职业标准

职业编码：X-XX-XX-XX

职业名称

（报批稿）

标准制定单位 制定

说 明

xxxxxxxxxxxxxxxxxxxxxxxxxxxxxxxxxxxxxxxxxxxxxxxxxxxxxxxxxxxxxxxxxxxxxxxxxxxxxxxxxxxxxxxxxxxxxxx。

（职业标准编制的依据）xxxxxxxxxxxxxxxxxxxxxxxxxxxxxxxxxxxxxxxxxxxxxxxxxxxxxxxxxxxxxxxxxxxxxxxx。

（职业标准的主要内容或修订情况）

——xxxxxxxxxxxxxxxxxxxxxxxxxxxxxxxxxxxxxxxxxxxxxxxx。

——xxxxxxxxxxxxxxxxxxxxxxxxxxxxxxxxxxxxxxxxx。

——xxxxxxxxxxxxxxxxxxxxxxxxxxxxxxxxxxxxxxxx。

（职业标准的起草单位/主要起草人）xxxxxxxxxxxxxxxxxxxxxxxxxxxxxxxxxxxxxxxxxxxxxxxxxxxxxxxxxxxxxxxxxxx。

（职业标准的审定人员）xxxxxxxxxxxxxxxxxxxxxxxxxxxxxxxxxxxxxxxxxxxxxxxxxxxxxxxxxxxxxxx。

职业名称
国家职业标准

(报批稿)

1 职业概况
1.1 职业名称
×××××××。
1.2 职业编码
×-××-××-××。
1.3 职业定义
××。
1.4 专业技术等级
××。
1.5 职业环境条件
×××××××××××××。
1.6 职业能力特征
××。
1.7 普通受教育程度
××。
1.8 职业培训要求
××。

1.9 专业技术考核要求
1.9.1 申报条件

×××。

1.9.2 考核方式

×××。

1.9.3 监考人员、考评人员与考生配比

×××。

1.9.4 考核时间

×××。

1.9.5 考核场所设备

×××。

··分页符··

2 基本要求
2.1 职业道德
2.1.1 职业道德基本知识
2.1.2 职业守则

(1) ×××××××××。

(2) ×××××××××。

2.2 基础知识
2.2.1 ××××

(1) ×××××××××。

(2)××××××××××。

2.2.2 ××××

(1)××××××××××。

(2)××××××××××。

·············分页符·············

3 工作要求

××。

3.1 ×级

××××××××××××××。(明确各职业方向所包含的职业功能)

职业功能	工作内容	专业能力要求	相关知识要求
1.××××	1.1×××××××	1.1.1××××××××× 1.1.2××××××××× 1.1.3××××××××× ……	1.1.1××××××××× 1.1.2××××××××× 1.1.3××××××××× ……
	1.2×××××××	1.2.1××××××××× 1.2.2××××××××× 1.2.3××××××××× ……	1.2.1××××××××× 1.2.2××××××××× 1.2.3××××××××× ……
2.××××	2.1×××××××	2.1.1××××××××× 2.1.2××××××××× ……	2.1.1××××××××× 2.1.2××××××××× ……
	2.2×××××××	2.2.1××××××××× 2.2.2××××××××× 2.2.3××××××××× ……	2.2.1××××××××× 2.2.2××××××××× 2.2.3××××××××× ……
	……	……	……
……	……		

·············分页符·············

4 权重表
4.1 理论知识权重表

项目	专业技术等级	初级(%)	中级(%)	高级(%)
基本要求	职业道德	×	×	×
	基础知识	×	×	×
相关知识要求	职业功能1	×	×	×
	职业功能2	×	×	×
	职业功能3	×	×	×
	……	……	……	……
合计		100	100	100

4.2 专业能力要求权重表

项目	专业技术等级	初级(%)	中级(%)	高级(%)
专业能力要求	职业功能1	×	×	×
	职业功能2	×	×	×
	职业功能3	×	×	×
	……	……	……	……
合计		100	100	100